華志文化

華志文化

靜語心集

以聽大經爲慧命資糧
以聽大經爲信願依靠
以聽大經爲親見彌陀
以聽大經爲生命第一要務
以金剛志菩提願發長遠心

依此，必自利利他信願成就，極樂世界九品蓮開，
觀音勢至同來護念，萬德洪名自然成片。

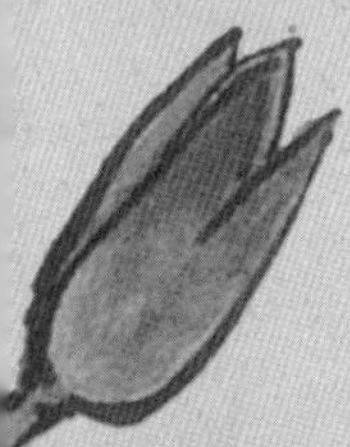

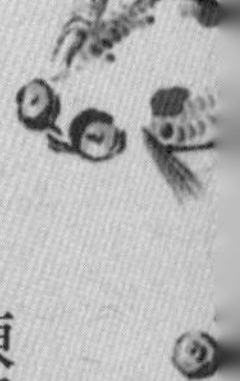

陳靜瑜◎編著

定弘師父啟講第五回《淨土大經科註講要》

聽經發願文

二〇一六年十一月一日（農曆十月初二）

時值末法，眾生業力深重，魔網纏縛，苦不自知！佛菩薩以無盡大悲，令蓮公示現大經出世，難遭難遇。正如《華嚴經》所言：「佛法無人說，雖智莫能解。」雖有大經，若無人開解，亦如寶珠沉泥，明燈無芯，法船無帆，眾生如盲如聾不得利益。故佛菩薩憐憫罪苦眾生，念公以病苦之身註解大經，空公老和尚以耄耋高齡廣宣大經，今弘師父以師志為己志，繼往開來，荷擔如來家業，開講大經救度一切苦難眾生，破迷開悟，遠離顛倒夢想，普勸一切有情念佛同歸淨土！

故慚愧靜瑜雖自知德薄障重，無力勸人，亦在此大經開講之際，願以觀音悲心為己心，效法普賢大士請轉法輪，泣淚跪請一切淨土學人：萬請珍惜再珍惜，珍重再珍重！切勿錯過大經聽經因緣，而淪落六道不得出離！實應奮起發願，勿懈怠、勿自欺、勿昏沉、勿妄想！無論事業忙與閒，無論現場或網絡，無論颳風或下雨，無論有病或健康，無論聽懂或聽不懂，無論歡喜或不歡喜！萬望祈求佛力加持、龍天護佑，每座必恭聽，每聽必誠敬，以聽大經為慧命資糧，以聽大經為信願依靠，以聽大經為親見彌陀，以聽大經為生命第一要務！決定以金剛志、菩提願，發長遠心、堅定心，堅持聽經不斷，每座不缺，決定為末法九千年眾生做好樣子！

果能如此，此生必定自利利他信願成就，極樂世界九品蓮開，觀音勢至同來護念，萬德洪名自然成片。願佛菩薩不捨靜瑜，願靜瑜與一切大經弘護者此生共同蓮池海會相聚，一生不退成佛，攜手回入娑婆度生無盡！

慚愧菩薩戒弟子靜瑜頂禮遍叩

目錄《靜語心集》

佛法無人說，雖智莫能解。

第一篇／齊家

一：「家有家規，國有國法」才能夠興家、才能夠旺國，而我們現在沒有規矩，就不行。規矩定得要符合聖賢的教誨，不能亂定。

二：以小能夠知大，以近能夠知遠。聖人的眼光能穿過時間、穿越空間，推見未來要發生的事情。因爲聖人完全放下自己，顯露真心本性的大智慧，能見到宇宙萬有的一切真相。家裡才是真正見「道」的地方，才是見「德」的地方。關起門來怎麼吃飯、怎麼睡覺、怎麼說話，一言一行，這是真正的道德所在。

三：在一個家庭裡，長輩對晚輩的教誨，言辭要莊重、要嚴肅，這裡體現了家風的嚴謹。所謂沒有規矩不成方圓。我們現在的家庭就比較少見，因爲家長、長輩也沒有這種概念。我講一個最明顯的例子，就是做小朋友的、晚輩，隨隨便便喊一聲，譬如早晨起床，「媽，妳過來一下」。這個當媽的，譬如正在那吃飯或者工作，就會馬上放下飯碗，顛顛顛跑過去。我們《弟子規》裡是：「父母呼，應勿緩」；現在是倒過來，「兒女呼，應勿緩」，沒有長和幼，長幼是顛倒的，在中國古代是沒有的。

四：我們成長過程中，人的理性是很重要的。如果能夠時時把理性提到第一位，把情感放到其次，做事情的時候，就容易提起來一個「義」字。道義、恩義、情義，人生「慎於始」，最開始是很重要的。

五：我們多積德行善，我們的兒孫一定受益，所以「積德之家，必有餘慶」。你想爲兒女好，你留多少錢沒有用的，他給你敗壞光了；留多少房子沒有用的，你一走，他就給你抵押掉了，打麻將去了；留多少好吃的，吃完就沒了。就是留德給他、留善給他、留一個好樣子給他，他一生受用無窮。

六：在《曾國藩家書》裡，他對他的兒子曾紀鴻，當時曾紀鴻只有九歲，每次他都給他寫信，寫信寫什麼？他說：「勤儉自持，習勞習苦，可以處樂，可以處約，此君子也。」就是我們在居家也好，修身也好，要能夠把握住兩個字：一個勤、一個儉。勤是自己要多勞動、多勞作；儉是節儉，一切的用度都節儉。習勞習苦——多幹活多吃苦，以這兩個字能夠堅持住，這就是真君子。

七：「敬，德之聚也」，恭敬是所有德行凝聚的表現。「聚」是聚集的意思，就是所有的德行聚集在一個點上，就是體現在這個「敬」上。「能敬必有德」，能夠起恭敬心的人，他一定有德。閨門之內，離不得一個「禮」字。我們跟家人也是一樣，不要因爲很熟，就可以隨便地講話。任何時候都保持一個禮，該講的講，不該講的不能講。

八：我們往往都是犯一個什麼問題？就是叫「熟而無禮」，朋友之間也是，君臣之間也是。大家熟了，就忽視這個禮節了。禮節忽視了，沒有了，就沒有恭敬心了，這是不對的。熟而無禮，這是人開始走不恭敬的下坡道的開始。夫妻之間出現裂痕也是這樣的，大家熟悉了，就不在乎這些禮節了，大大咧咧、無所謂。恭敬心一失去，禮法就沒有了，所以大家要在這些方面引起重視。

九：女子有德，能得一切福與貴。女子的心是定海神針，妳心定、德厚，就有造家之福。婦德體現出來後，這個女子的心是靜的，不會浮躁；會顯得很穩重、很有定力，會給人一種可依賴感。人就覺得跟妳接近心裡有底，就願意靠近妳，妳就能當得住這個家。

十：好的容貌不是靠妝飾弄出來的，有好的德行，相貌自然會莊嚴好看，別人看了自然就會生歡喜心和恭敬心。

十一：「卑弱」是謙卑柔弱。女子要能夠謙虛忍讓，對一切人事物真誠恭敬。好事先讓給別人，自己能謙退在後。所做的善事不向外宣揚，做錯了事不推脫責任。忍辱負重，常常畏懼自己做得不夠好。這都是謙卑柔弱、在人之下的性情。

十二：真正你所有的行為行動，都來源於你的願力。你的願力來源於你的信心。你有信心、你發願，你就有行動，你就有行動力。你心和，你就可以忽視謗言。說多了，你就把自己說進去了。同心同德。在一個家族中，要把自己的地位放到最低，守住謙卑。

十三：「婦人者，伏於人者也」，講的是婦人之道就是要謙卑。絕對不是說讓這個女子沒有性格，或者是很柔弱，或者是欺壓婦女，不是這樣的。這個「伏」主要是心的調伏，因爲女子的心很容易感性化。我們看到男女之間最大的區別：男人很理智，容易守住中道；女人比較感性，心思很雜亂、很放逸，不容易定，沒有定力。這個「伏」主要是讓她的心能夠平下來、定下來，「心定則安」，她這一安才會有智慧，才能夠把這個家給它穩定住。

十四：「修身莫若敬，避強莫若順」，以「敬」來修身，以「順」來避強，女子的「敬順」之道，這是婦人的大禮。那麼敬是什麼？「敬」是一種持久不變的謙恭的態度，持久就是要知足，只有知足才能持久。「順」不是別的，是寬和、寬裕，寬和的要領就在於謙恭、卑下。

十五：一個家庭能不能興旺和睦，關鍵看這個家裡能不能守住「敬」。人與人之間，如果都相互敬愛，自然就能夠和睦，家和自然能萬事興。「修身莫若敬，避強莫若順」，恭敬心是靠修出來的，「玉不琢不成器」，性德不修是不會顯現的。「修」就是不斷地改過，不斷地轉念頭，不斷地把自己煩惱的心轉成智慧的心。

十六：你有敬心，自然而然就能順，而且不是愚順，是智慧地順。順的時候需要心平氣和。你一開始在一個對立面上，心不清淨，即便你是那種順，可能對方也不接受。

十七：夫妻之間的關係是所有人倫關係的根基，能處理好夫妻關係，就能夠處理好社會當中的種種關係，所以要在這裡仔細地反思。

十八：一個女人，妳只要懷著恭敬心去無私地付出，肯定能得到愛的回報。愛不是索取而是奉獻，所以愛一定要一心一意。夫妻這門課更要專一，更得「一門深入，長期薰修」。婚姻這門功課，一個女人只要能一心一意地專心薰下去，終究會悟到婚姻的真諦與愛的真諦。

十九：「夫妻是緣，善緣、惡緣，無緣不來；兒女是債，欠債、還債，無債不來」。所以無論是善緣與惡緣，無論是欠債還是討債，我們學了佛，懂得了聖賢的道理，我們就轉情緣爲法緣，把自己心中那種妄念的心都放下，好好地修正自己、改自己，慢慢地都會變。自己不要太著急，說：我都學了三年了，他怎麼也沒變化；學了十年了，也沒改什麼。「冰凍三尺，非一日之寒」，我們前世跟他的緣也是很深，所以有一些不是很容易化解的，要慢慢來，都會變。

二十：我們極樂世界的蓮花怎麼成就的？在五濁惡世裡的眾生當中成就的，在自己家裡成就的，在先生、兒女之間成就的，無一不是來成就自己的。妳不感恩，妳還在那塊怪他，就錯了，要生起感恩的心。先生都不做，正好我們都做，修福；先生脾氣不好，正好修我的忍辱；先生急躁，那我就不急；先生有種種的問題，我要好好修德累功，好加持他。種種的機會都是給自己，愈是逆境愈好修。真的是，我看所有在順境當中的，沒一個能真正成就的。

二十一：幸福不是坐著等來的，妳要自己去付出。而且這樣的付出是只問付出不求回報。一求回報，妳就會覺得心裡苦，所以就完全不要想要什麼回報。所以妳埋怨丈夫怎麼怎麼，對妳不周到，對妳不體貼……那妳要反求諸己，妳對丈夫、對丈夫的父母盡心了嗎？用心了嗎？

二十二：切莫把口無遮攔當成是心直口快，管住自己的嘴，守住自己的心。要穩重，更要內斂。凡事做到心中有數。懂得恪守婦道，懂得忍辱含垢，懂得知足常樂。只有做一個安靜的女人，才會給家庭帶來一片祥和。要想家和萬事興，不是比我們的口才有多好，而是女人的本分做到有多少。有時候，一個溫暖的眼神，一杯清香的熱茶，一分默默的陪伴，一餐可口的飯菜，一分理解與信任，勝過千言萬語。

二十三：有的時候我們自以爲說的話很有利於別人，實際上妳想一想，妳說的話契不契機、契不契理？不契機、不契理、不接受，妳白說，還惹來一堆埋怨。

譬如在家裡，我們說相夫教子，不單純、不完全是身教。因爲在家裡話要多一點，總比外面要多一點，妳要想讓妳的話能夠起到「相」和「教」的作用，那說的每一句話就都要謹慎，這樣的話，妳說出來的話落地有聲。因爲妳廢話少，亂七八糟的話少，妳說出來的話是有的放矢的。

二十四：這是我自己親身經歷。我以前就很感慨，我先生什麼時候能不抽煙？去年他告訴我，就戒掉了，到現在沒抽一根。我也沒去天天催他要戒掉，他自己就戒掉了。好多的毛病都是自己就放下了，所以我們自己心裡要先放下。放下情執、放下執著，好好地關注自己的內心，改自己的毛病。你改自己，慢慢地外面它就變了，所以這一點要從根本上明白。

二十五：我們這個願心一定要發，你發出這種大的願心，發出這一生一定成佛去極樂作佛的願心，然後能夠幫助眾生，那麼你在家做的每一件事情它就不一樣，你自己感覺就會很有動力。你聽經也不會昏沉，你照顧孩子也很歡喜，不會覺得很悶，因爲這些點滴的功德，你都是放到迴向極樂世界的這個大願海中，不是糾結在每天的這種瑣事中。

極樂世界的蓮花怎麼成就的？是在五濁惡世裡的眾生當中成就的。

第二篇／以事顯理（故事類）

二十六：會開車的人都知道，譬如說，我們跑那個高速、長途，你前面要是有一台車，你開起來就比較有勁，你就始終追著前面那個車開就行了。前面要是一台車沒有，再下點小雨，再有點霧，你開著就很容易睏，或者是你就找不著方向了，我們跑過長途的人，都有這個經驗。這就跟我們的人生一樣，我們人生如果有一個目標、有一個方向，你活得就會很精彩。當你那個目標愈高遠、愈偉大，你利益的人愈多，不是爲自己的時候，你活得就會很有精力，很向上。但是如果你沒有目標，目標很卑微、很不好，那當然你這個生活就完全是不一樣了。所以古人教我們小孩子「童蒙養正」，從哪裡養他這個正氣？從教他立志向，一定要立志向。

二十七：我們講做任何事情，其實事情後面都有理，是因爲這個理而顯得有光彩。我們學的這個理，也是因爲生活當中的各種事而得到具體的落實。如果只是單純地學理，不從事上去做，那就空講道理了；只是單純地做事，不懂得背後的深刻道理，那麼就比較盲目。譬如同樣是掃地，你把這個理給他開顯出來，他同樣在做一件事情，他因為心不一樣，與你開發得不一樣，這個事情做出來就不一樣。

二十八：在佛的經典裡有這樣的一句話，「掃地如掃心地」，我們在清潔的時候，就像在清潔我們自己的心地一樣。當你存了這樣的心，自己掃地就會認認真真的，非常的乾淨。同樣倒一杯水，當我們用供佛的這個心態去給人倒一杯水，端過去恭恭敬敬，那我們做的這個事情，馬上就顯得非常有光彩。所以在做每件事情的時候，都看我們的心！用菩薩的發心，你做的事情就是菩薩的事業；你要用凡夫的心去做，那做出來的事情就是凡夫的事情。家裡家外都是如此。

二十九：我們也是佛弟子，想想我們遇到的障緣，可能遠遠不如頻婆娑羅王，還不至於說，被自己的兒子關到監獄裡想活活地餓死。在這種境界下，頻婆娑羅王他沒有生怨恨，他在這個監獄裡，是每天虔誠地念佛想佛，佛每天都有來看他。

所以往往是在遇到很大惡緣的時候，就是我們成就自己最好的機會。如果韋提希夫人沒有遇到這樣的境況，自己的先生（國王），被關在監獄裡，自己親生的兒子想殺他的父親，她也不會真心地想求往生。她往生的品位是很高的，她直接往生，是證無生法忍的。而且她不僅自己往生，她是帶著她的五百個侍女，就是服侍她的侍女，一起往生的，這是沒有過的，所以她在《善女人傳》中是列爲第一位的。因此，大家在碰到家裡家外的一些很大的逆境惡緣的時候，要平靜下來念佛，求佛力加持。

三十：我們要懂得去修福，布施就是在修福。有智慧的人，都是很勇於布施的。大家知不知道？定弘師父早年在美國上大學的時候，二十多歲讀研究生的時候，他專門聽《金剛經》裡老法師講的關於布施的開示。那陣子沒有光碟，是磁帶（錄音帶）。他跟我講，拿小錄音機，反覆聽那磁帶。聽了多少遍？二百遍！聽到小錄音機壞了三台。他說這二百遍關於布施的經教，深深地扎到他的根裡，這一生受之無窮。定弘師父是很勇猛地布施的。我跟他在一起來共事，這一點特別震撼我。經常就是所有的錢全部捨掉，一點都不留。我記得在二〇一二年年底，我們基金會帳上還有一點錢，定弘師父決定做果清律師的播戒機，我就以爲他會做一部分，他就跟我說：全部，全部，一分錢不留，一塊錢不留。然後錢給這播經機廠家，全部做。不僅是供養錢了，包括人、包括物，二〇一二年年底的時候，師父上人那面缺義工，他就跟我講，把我們的義工全部供養出去。我說：「師父，沒聽說供養人的。」他說：「妳供養人將來就得人、得人才；供養錢得錢，供養啥得啥。」師父那個布施，確實是修得很圓滿。司馬光就說「積金以遺子孫，子孫未必能守；積書以遺子孫，子孫未必能讀；不如積陰德於冥冥之中，以爲子孫長久之計也」，這句話我們真的是要記住。

三十一：「爲家計所累」，這個「家計」是指我們的事業。包括我們學佛的人，都放不下弘法利生的大事，這些也都要放下。我在來澳門前一天晚上，在做二〇一五年我們基金會的工作總結。做完總結，我就再做所有我們這些年辦過法會的總結。我就跟祕書口述，她來寫。我就說：「妳寫一下我們辦法會需要具備哪幾個因素。譬如說先要定場地，其次招募義工，其次怎麼樣地去給戒子學員收報名表，還有一些注意事項。」祕書就問我：「幹什麼？」我說：「萬一明天我往生了，妳拿著這個報告，找別的人來辦法會，他很容易辦，就不會出現慌亂。」她就笑。我說：「妳不要笑，我們這個人生是很無常的。妳看定弘法師現在在閉關，閉關三個月，現在剛剛圓滿兩個月，還有一個月。一個月之後一出關，已經物是人非了。老義工有的走了，新義工有的進來，事情發生了諸多變化。」我說：「這就是人間。娑婆世界就是這樣，因為我們的妄心在起主導作用。妄心它不是真的，就是變來變去。看破了之後，你一點都不會覺得難過。以前，我看那些人情冷暖，或者人員走來走去，心裡會有一點點感傷，現在一點都沒有。極樂世界是一真法界，它不會。這娑婆世界就是這樣，像詩裡頭說的『月有陰晴圓缺，人有悲歡離合』，你沒有必要感嘆。」所以在《太上感應篇》裡就講，我們忙了一世、鬧了一世、辛苦了一世，最後空過了一世。我們學佛的修行人，決定不能空過。要發起真實的大出離心、大菩提心，好好地珍惜當下的生命，認真改過自新。

三十二：在印祖的開示中，也不斷地提醒大家要修自己的「謙德」。在《易經》中，我們在《了凡四訓》中也看到，《易經》中大部分的卦象都是吉凶參半的，唯有一卦是全吉，就是怎麼算都是吉祥的。所以印光祖師在他的《文鈔》中，就曾經提到這樣的一個例子，就是在當時，諦閑法師有個徒弟名叫顯蔭。顯蔭他是很小的時候童真出家，大概是很小了。智慧過人，十幾歲的時候就到日本學習密宗。印光大師在和他的通信中，就一針見血地教導顯蔭說，「你年紀尚輕，應當韜光養晦，一個人如果聰明而又有涵養，將來則必定能成就法器」。這是對所有我們年輕人的教誨，所以年輕人養在深閨不被人識，默默地養自己的謙德，修一切的善事，隨喜一切的功德，這是無量的福報。

三十三：天道的運行規律是「張揚的削弱之，謙卑的助長之」。而處在這個競爭的時代，人人的嫉妒心又都十分強烈，而嫉妒心強，則打擊報復、造謠中傷的心理就強。認真學習印光大師的謙德，在在處處、隨時隨地保持自卑而尊人的態度，時時刻刻、隨時隨地保持謙虛謹慎的修養，那麼不知不覺中，則能消除禍殃於未萌，增長福報於當下。謙就是性德，慚愧弟子靜瑜看到海賢老和尚的光碟，看到了海賢老和尚爲我們示現的五個謙，謙讓、謙和、謙卑、謙恭、謙虛，讓我們真正從謙字當中學習如何長養我們的性德。

三十四：自古以來都說「禍從口出，病從口入」。口爲禍福之門，這個門經常被我們一不小心就打開了，打開了之後怎麼樣？經常是禍多福少。我們想想一天說的話，得福報的多，還是中災禍的多？細細品之，往往是福少禍多。

三十五：規過勸善，師父上人講這是需要禮節的。你看到這個人，如果你勸導他，他能夠改過回頭，你就勸他。什麼時候勸？一定是在沒有第三者的面前，單獨的一對一。你柔言，就是很柔和的言語去勸他，這樣子他不會難爲情，他有面子，而且他會聽。我們自己決定是要守住「隱惡揚善」，別人有好的我們讚歎；別人有過失，不說。勸人要背著人，不要當著大眾的面。這都是師父上人對我們的教誨。這樣他會生感恩的心，感謝你。如果勸了一次、兩次甚至三次，勸不了，他不聽，那以後也不可以再勸，否則就容易引起怨恨心。所以我們這裡，就需要學做人的這種智慧。

學佛的修行人，不能空過。要發起真實的大出離心、大菩提心，好好地珍惜當下的生命。

第三篇／扎根教育

三十六：根是什麼？就是在「孝」上。我們受過菩薩戒的，《梵網經菩薩戒本》，菩薩戒的根都是在孝道上。三世諸佛成佛的正因，就是在孝道上。往生極樂世界淨土的成因，要修三福，第一福也是在孝上，「孝養父母，奉事師長，慈心不殺，修十善業」。師父上人讓我們扎《弟子規》的根、扎《太上感應篇》的根、扎《十善業道經》的根。三根從這裡扎，才能夠生出三個福來。你根扎得不深，你那福就生不出來。因爲一切福田都是不離方寸，不離開我們這個心。你心裡壓根都沒有的話，不管你事上怎麼做，那是假的，所以在心裡要生起這種感念來。

三十七：我們講父母就是家裡的兩尊佛，公婆亦復如是，咱們不能對佛不敬。天下沒有不是的父母，只有不孝的兒女。父母再不對，也不要放在心裡，想的念頭都不要有。你這樣子的話，才能生起恭敬心。真正能夠孝親的人，才能夠真正尊師；真正尊師的人，才能真正重道；真正重道的人，他才能得道。這是一個循環，這是一個良性循環。要是從一開始就錯了，後面步步都錯，所以大家從一開始不要走錯路。

三十八：忠孝是一體的，孝是根本，忠是作用。古人講，孝子必定是忠臣。找忠臣到哪裡找？到孝子裡去找。所以，古代有「舉孝廉」。真正的孝子是感天動地的，沒有私心的。我們現在對父母還有私心，那個孝是不圓滿的，所以你在盡忠上也是不圓滿的。所以，在修行的路上，我們要時時刻刻地在這裡反省，對父母不可以輕慢。父母都不輕慢，祖先更不可以輕慢，它這個根是連著下來的。

三十九：要明白我們一切福田的根基都是在父母這裡，要確實從心底裡去尊重父母、恭敬父母。對父母都失去了這分誠敬，你對別人是不可能有真正的真誠心和恭敬心的，是假的，都是名利驅使的。所以，對父母要真誠恭敬。

四十：所謂「扎根」，就是我們的因果教育，我們的孝道教育，我們最根本的德行教育，我們在戒律方面的教育，這樣的很細節的。平時在生活中互相檢點，一點一滴的小事都拿出來，自己要認清自己的問題，然後每一天都要去改正，這就是修行。尤其是口過的過失，真的是需要我們很認真很努力去對治，才能在修行中得到很好的解脫。

四十一：大家要真信因果，而且要深信因果。

四十二：自古以來，宇宙不變的道理都是「因小果大」。因地你看著是很小的，到結成果的時候就不可思議了。善事是如此，惡事也是如此。

四十三：把因果的根完全地扎下去，你自己在有人沒人處都不敢有不善的心念、不善的言行。能夠洞達因果，用因果來約束自己的行爲，這就是誠敬心。誠敬心就是在這培養。養我們真誠恭敬的心，敬畏天地神明，敬畏因果，也敬畏我們的自性。

四十四：我們生生世世，所有的修行離不開因果，離不開我們的命。要知道「命裡有時終須有」，這句話是沒有錯的。你命裡該有福報，有多少，它一定會有，跟你做什麼沒什麼關係。好的，也是自己修來的；不好的，更是自己修來的。好壞自己都要統統收。

四十五：每一個人都是一部因果書，你從自己這一生的體會當中，你去反省，你去品嘗。自己做了不善業之後，譬如忤逆父母，會有什麼樣的報應。當你一點一點地去回頭、去看的時候，你自然而然就知道應該怎麼樣做人。

四十六：我們往往在學習佛法的時候，會有一些偏差，沒有認真地領會好佛法的真義，聽經聞法也很難得到真實的受用。最根本的原因，就是我們的扎根教育沒有做好。扎根教育，我們常說是《弟子規》，扎這個儒家孝道的根；《太上感應篇》，扎因果的根；還有《十善業道經》。但實際上我自己感覺，《女誡》這本書，它更是《弟子規》，是對我們女眾的一個很好的《弟子規》的教材。因為我自己在修學的過程中，感受最深的，女人的這個習氣，毛病習氣非常的重。的確相對男眾，女眾有很多的情執。很多的煩惱習氣是不大容易放下的，只有通過學習，才能夠不斷地改變自身的這種毛病習氣。

四十七：我們學《弟子規》要抱著一個什麼樣的心態？因爲心態很重要。要抱著《弟子規》是直接幫我們能夠達到念佛三昧的這樣的一個心態。我們用一顆覺悟的心來學世間法，所有的世間法它也都是佛法。用迷惑的心來學佛法，佛法也會變成世間法。所以心念的力量很重要。因爲《弟子規》做爲扎根教育，它能成就我們善男子善女人的那個善。沒有這個善，我們是沒有辦法接受大乘佛法的，所以這個根基很重要。大家如果認真學的話，可以逐條地把我們《弟子規》裡做不到的列出來，然後認真地改。

四十八：《弟子規》裡這些小事，不小，都是大事。細節決定成敗。我們要知道，我們生活當中修行的細節，就決定了我們這一生能不能成佛這個大事。小事情很多，我們每一天都從小事做起，克服自己睡懶覺、克服自己聽經就打盹、克服自己做事不耐煩、克服自己的煩惱習氣……這些看起來很小，但是很重要。

四十九：古訓所言「天地與我同根，萬物與我一體」，這就是真正的仁，所以才會有「仁者無敵」。一個真正有仁愛慈悲的人，不與任何人對立。不對立，對內而言自己沒有煩惱，對外而言外面沒有敵人。一個人真能夠包容和愛天下所有的人，真的就不會有敵人了。我們還會遇到惡意相對的人，一定是自己的問題，放下對立就放下了煩惱，只有把心中的對立放下，一切污染都會化爲心中的蓮花。

五十：什麼是仁？在《禮記》當中說，「寬裕者，仁之作也」，這段經文就是說寬宏大量是仁的開始。從哪裡？能夠寬宏大量對別人，不斤斤計較，什麼事情過去就過去了，昨天的事情就過去了，上午的事情也過去了，剛才一個小時的事情也過去了，不要念怨不休。這個人昨天對我怎麼樣，剛才對我怎麼樣，這就沒有辦法成就。

五十一：我們在平時的生活當中，自己的點點滴滴的行爲，都要去對照是不是符合倫理。在人與人相處的時候，首先想想彼此是什麼關係，符不符合倫理？

對自己就是按照「仁義禮智信」。我們佛門中受了五戒，講不殺、不盜、不淫、不妄、不飲酒，它跟儒家的仁、義、禮、智、信都是一一對應的。你如果按照它來做，那就是獲吉祥；不按照它來做，就得凶災。要從小的地方去杜絕，防微杜漸就很重要。

五十二：我們學習傳統文化也好，學習女德也好，一定要與時俱進而不隨波逐流；一定要做到睿智但是不奸猾，仁厚而不迂腐。這樣的話，才能把真正的好東西學過來、會使用，得到真實的利益。而不是學一些形式上的，最後說這東西不好。不是東西不好，而是我們自己不會用，沒用好。

第四篇／存心為要

五十三：「因地不真，果招迂曲」，這個因地就是從我們初發心，心裡最初那一念。如果不是真實的，是虛僞的、諂媚巴結的，或者有其他的雜染的心的話，那個果報都特別不好，所以大家要觀照自己的心。

五十四：你斷惡修善、積功累德，現前的果報會愈來愈好。因爲我們周圍，一個人事環境，一個物質環境。人事環境也好，物質環境也好，都是自己阿賴耶識裡現出來的這個果。你慢慢地用佛號克住自己的起心動念，這些境界全部會轉得愈來愈殊勝。所以講到淨業三福，我就想到同學們的功課，經典重在落實！

五十五：古人云，「滴水之恩，當湧泉相報」，我們要懂得知恩報恩，別人的點滴的小恩都放在心裡。我們沒有辦法回報，就拿我們的修學來回報。我們的佛號、我們持戒的功行、我們護法的這種功德去迴向。做爲自己，古人也有說得很好，「人到無求品自高」。你什麼都不求，自然而然你的心，心底無私天地寬，就好了。

五十六：「謹其行，正其心」嚴謹我們生活當中所有的微細的行爲，來端正我們的心念。端正我們什麼樣的心念？端正我們那種特別容易放逸的心、特別容易懈怠的心。通過日常生活當中衣食住行，這種點滴的生活小事，修鍊我們的誠敬心。

五十七：用心做，一分用心即一分誠敬，一分誠敬即一分菩提，一分菩提即入彌陀願海一分，即與彌陀聖號相應一分，往生就多了一分把握。

五十八：恭敬心才能夠受教，儒釋道三家都是強調這一點。《阿難問事佛吉凶經》這部經裡講應該怎麼事師：「爲人弟子，不可輕慢其師，惡意向道德人，當視之如佛。」所以大家要知道，不可以輕慢老師。不僅對老師言語態度上不能輕慢，平時的起心動念上自己都要注意，對自己就很有好處。恭敬不僅是在好學上和對師長的禮儀上，還表現在我們能夠勇猛地改過遷善，能夠勇猛地落實師長的教誨。師父怎麼說的、老師怎麼教的，我們就按照這個教誨不折不扣去落實，這就是力行，普賢的十大願王之二「請佛住世，請轉法輪」。

五十九：我們意識到誠敬心很重要，這說明我們已經覺悟了。這是覺悟的開始、修行的要點。因爲你意識不到誠敬心有多重要，你修行在這裡是拖時間、浪費時間。爲什麼說覺悟心開始是從誠敬心下手？因爲人起誠敬心之後，他就學會觀照。什麼時候你學會回光返照，你就明白怎麼樣去斷惡修善了。

六十：你身邊的環境是你的心照射出來的，是你莊嚴的第一個法界。所以要鍊出用真誠心對一切人，用真誠心對一切事，用真誠心對一切物。

六十一：感應的動機是非常微細的，你心裡一動就是有一感，天地必定有一應，都是非常非常微細的，自己不察覺就忽略了。如果自己懂得去察覺，就會謹慎自己的心念。

六十二：願心聲永遠與佛聲相應，願生生世世都真誠善待一切。

六十三：不斷地反省自己，看到自己的過錯，就一定要改。改並不是改這個事，而是通過事上見到理，真正地去改自己的心。不在於事上怎麼做，事上怎麼做都很好，能把心念改過來就很好。

六十四：真正的富貴是什麼？我們常講「厚者富，清者貴」。「厚」是指心地仁厚，心地仁厚的人就富饒，「清者貴」是指心地清淨的人就貴氣，這才是真正的富貴。不是說有很多錢，有很高的權位，那就是富貴，因爲錢財總有散盡的一天，權勢總有傾倒的一天。那你的富貴就沒有了，這是會消失的，不會長久的，不是真正的東西，是假的、虛妄的。來自心底的德行，表現出仁厚的富和清淨的貴，是會長久不息存在下去的。所以貴首先是心地很清淨不會污濁，得到身邊所有人的尊重和愛敬，這樣才是真正的貴氣。

六十五：禍能夠生福，福也能生禍。禍能生福的原因，就是當人處在危險或者是災難的時候，會真切地想求平安，並能夠深入體會求得平安的道理。尤其能心存恭敬和畏懼，謹慎自己的言行。而福能生禍的原因，就是當人在居安時，非但不能思危，且還會放縱自己，言行舉止驕傲懈怠，尤其多有處事輕率、欺侮傲慢別人的情形。所謂禍福，它不是固定的，都是隨著自己的心而變化。

六十六：我們在逆境的時候，遇到一些天災人禍，不要自己就懈怠，自己就提不起精神頭來，覺得好像什麼事都不順，自己就很難過。要把這個念頭轉過來，那麼這個念頭一轉，自己的心就不一樣了。我們的生命在宇宙輪迴當中輪轉的因是什麼樣的因？簡潔明瞭，惠能大師說一切種植福祉的地方，都離不開人的心地，就是離不開我們的心。

六十七：佛經上也說，眾生的吉凶禍福也都是由自心所造的。又說罪和福二者的運作，所得到的痛苦和快樂的結果，都是由身、口、意三業所造，由心地所感召的結果。這個道理我們要深刻地、反覆地、長期地薰修，薰到骨子裡，慢慢地你就不敢造作了。所以自己在平時的言語、行持和心念的起伏當中，你就會愈來愈注意。身三、口四、意三，大家都知道。身體不造殺、盜、淫；口業決定不造惡口、兩舌、綺語和妄語；意念決定不入貪瞋癡的三惡道的門，給它死死地關閉住，讓自己的心能夠時時地在戒定慧的修學上，去勇猛精進。

六十八：我們做任何事情都不能怪別人，不能在外面找原因，完全是我們自己的誠敬心去感召的，確實心裡真誠恭敬，你就能感召到相應的緣。做任何事情，再點滴的小事，也要用百分之百的真誠恭敬心去做。你這樣子的話，修行會一躍千里。

六十九：人萬萬不可以做不善的事情，所有不善的事情。每天我們都要檢點，自己從心地裡給它拔除。只要自己還有自私自利的心、還有苟且的心；沒有慚愧心、沒有羞恥心；不能夠任勞任怨、不能夠盡心盡力、不能夠無怨無悔地去做，那都是不行的。都要去檢點，要發完全真誠的心、完全感恩的心、完全付出、完全沒有自己的心。

七十：善惡行爲，自己可以做主；禍福報應，自己也可以做主。所以天命操作在自己的手上。談到禍福自召，「召」的道理推究到本源，就在於存誠心。

七十一：我們是可以把我們的命運操在自己手裡的，看你怎麼樣去做。你想生天，你就去自己造生天的因；你想去作個餓鬼，自己就造餓鬼的因；你想去極樂世界，你就每天拚命地去造極樂世界的因。可以自己做主，完全是在自己那個存誠心。

七十二：我們有句話叫「少成若天性，習慣成自然」，好的習慣是從小養出來的，壞的習慣亦復如是。我們現在最糟糕的是養的壞習慣比較多，好的就比較少。所以在更正的時候、在矯正的時候，做出來就不是太自然，我們要堅持做。就像《中庸》裡講「擇善而固執」，固是堅固，執是執著。看到善的，知道好的行爲，就堅固執著地去做。一心爲善，從言語動作到起心動念都與善法所相應，通過這些點滴的小事，我們誠敬的心態就培養出來了，所以時時刻刻不能放鬆自己。真正有智慧的大德，是將誠敬做到了極處的。一個急躁的、輕浮的、沒有恭敬心的人，做事不會有成就的。所以我們要明白，一個人如此，一個團體如此，一個國家也如此。

惠能大師說：一切種植福祉的地方，都離不開人的心地，就是離不開我們的心。

第五篇／對治煩惱

七十三：想想人生短短數十載，真的不必自尋煩惱，千萬不要拿別人的錯誤懲罰自己，善待他人就是善待自己。

七十四：知足，就是要「知足常樂」，要學會永遠記住，一切都是你的福報。你當下擁有的就是最好的，不要去羨慕別人，更不要去跟別人比。

七十五：面上無瞋是供養，口裡無瞋出妙香，心上無瞋無價寶，不斷不滅是真常。

七十六：我們真正修行要改習氣，習氣不改確實是很難的。

七十七：我們現在是不是把這個內和外、自己和他人，都分得很清楚？對立太嚴重，你就沒有辦法能夠真正地找到事實的真相。當你明白「一切法從心想生」之後，你所需要做的事情，就是改自己的心、換自己的心念、每天去「洗」自己的心，不需要在境界上生煩惱。這個人是什麼人都好，事是什麼事也都好，東西是什麼樣都好，你會平心靜氣地去解決、去面對。

七十八：傲慢是我們阿賴耶中妄心所現出來的一種自然現象。因爲阿賴耶它這個妄心只要一動，就產生「轉相」。轉相就是第七識，轉相是四大煩惱常相隨，這是煩惱的根，根中之根。第一個就是「我見」。你只要還執著我，執著我這個身體，這個叫我見，你就不可能徹底地放下傲慢。第二個是「我愛」。我愛是貪，只要你還有一點點貪愛的情緒，你也放不下。第三個是「我慢」。我慢跟瞋恚是一個意思，這是最根本的傲慢的根。第四個就是「我癡」。所以愛慢癡，就是貪瞋癡，這是與生俱來的煩惱。

七十九：傲慢是修行路上最大的障礙。第一，什麼是傲慢的表現？就是放逸。我們做什麼事都不以爲然，好像我就習慣於不穿海青誦經，我就習慣於很隨便地跟人講話等等，很多很多的細節。《曲禮》中曾經說過「毋不敬」，「毋不敬」就是說，在一切人事物的環境中，都要保持一種恭敬的心態。我們都以爲自己很恭敬，關鍵是不知道自己哪不恭敬，這是一個大問題。所以我就反過來想，哪些方面是不恭敬的？第二個，我想傲慢很大的一個表現，就是放不下面子。所以我們要仔細地來品一品，我們跟身邊的家人也好，同修也好，同學也好，包括孩子也好，是不是能夠很融和地、很敞開地、很溫暖地進行交流？如果不能的話，絕對是有很嚴重的傲慢。

八十：我們自己傲慢的原因，真的就是太在乎自己了。你不用太在乎自己，把自己給他放一邊，其實這些狀況就都不會出現。你說，讓我做什麼都可以，那你就不會覺得心裡不舒服，也沒有什麼不平衡，那事事不就都如意了？我們現在是「都是不平衡」，所以就會不如意，就會遇到種種障緣。

八十一：做事放逸隨便，不夠嚴謹認真，就是傲慢。放不下面子是傲慢；不能忍受別人的批評指責是傲慢；總是見到別人不如自己是傲慢；總愛挑剔別人的過錯是傲慢；看別人傲慢，實際自己也傲慢；不屑於做生活中平凡瑣碎的小事是傲慢……所謂「我慢高山，不積德水」。傲慢，修行路上的大障礙！

八十二：誦戒前在比丘大德前懺悔，發現每次都會犯同樣的過錯：「說四眾過」及「自讚毀他」。這是菩薩戒的十重戒之二，都屬於口過。所謂禍從口出，亦由心生，根本還是慢心未斷。真正後不再造是真懺悔。如何才能做到？自己認真思惟，覺得只有老實努力念佛，定課不斷，才能決定不再隨境界轉。

八十三：勿以己之多能而壓人。有生之年，先好好改好自己，不要將你做的事情成爲你傲慢心的資本。改過的重點是下次不再犯。你一生中最大的成就，就是逆著來的時候，你能夠毫無怨言地去接受，你就成功了。

八十四：「敬」，不是單純地體現在心裡，更重要的是要表現在言語和行爲上。「止」，在逆境中要知止，在順境中更要知止。不要起任何貪戀，也不要起任何想無端永遠佔有的心，更不要起任何得意、傲慢的心。「命當榮顯時，常作落寞想。眼前足食時，常作貧窶想……學問頗優時，常作淺陋想」，這麼一想、一止住，傲慢的心就生不起來了，恭敬的心就起來了。

八十五：討人厭離不開一個「驕」字。對家人不傲慢、要恭敬。你想「和」，你就恭敬了。懂得謙卑、謙虛，你才能兜住你的福報，否則就全部漏出去了，「滿招損，謙受益」。不跟一切人事物對立，看什麼都順眼。隨緣妙用的話，你就可以很順，可以隨緣、惜緣。

八十六：我們學傳統文化都學到「感召」兩個字，那怎麼這樣的人、這樣的事就會攤到你頭上來了？沒有莫名其妙的事，一定是感召的。你的德行還沒到那步，你感召的出現這樣的事情。如果是莫名其妙的這種毀謗的話，好，正好！要是用佛法的話，是消業了；用《了凡四訓》裡的話講，「謗毀之來，皆磨煉玉成之地」，那就「歡然受賜，何怒之有」。你自己不發火，就像舉著那火把在空中燃燒一樣，沒有感覺，它自己就消了。

八十七：我們娑婆世界的人耳根最利，你要特別小心你每天聽到的都是哪些話。你聽到的話都是抱怨，你不由自主地也會抱怨，你聽到的話都是讚歎，你不由自主地也學會讚歎別人。你聽到的話都是勸你念阿彌陀佛，你不由自主地也是想念佛。你聽到的話都是說「反求諸己」，你也開始懂得反求諸己。

八十八：所謂「行有不得，反求諸己」，所以自己要放下自己的很多知見，能夠聽得進去別人的勸。尤其是父母和師長，包括身邊一些蓮友的，他們都看得比較清楚。有句話叫「聽人勸，吃飽飯」，不聽的就很容易墮落。兩點態度自己要有：第一要有心存納諫這種謙卑的態度，自己首先要保持謙卑；第二個是有過則改。發現確實人家說得對，馬上就改過來；如果沒有就無則加勉，自己勉勵一下自己。

八十九：所有現在我們眼前的境界，全部都是我們自己的阿賴耶識變現的。就像我們作夢一樣，那個夢千變萬化，誰作的？自己作出來的。夢境裡頭有苦有樂、有喜有悲、有憂有惱，都是自己變出來的，一切都是唯自己的心所現、唯自己的識（阿賴耶識）所變。如果我們沒有認識到這一點的話，我們在學佛的過程中，就缺少了般若智慧的觀照。你就會經常地被這些境界，帶到煩惱的熱河裡不得解脫。當你觀照到這個境界是假的，是自己的心變現的，你就從自己這裡開始斷。

九十：學會調伏自己的煩惱，要知道一切都是自己心變現的。換心就轉了境界，一切都是一場夢而已，要記住「觀法如化」。學佛就是把看不順眼的人看順眼，看不慣的事能看慣。人生就是這樣，愈煩什麼就愈來什麼。一切都歡喜接受，真正通過考驗，這個境界也就沒有了。這都是佛菩薩安排，幫助我們斷煩惱。

九十一：唯有心存感恩，在自己的修行當中，我們知道有一句事實就是：真心一定會得到真應。所以你不用擔心修行當中的一切障礙，真的，沒有障礙的。在真心裡面哪有障礙？虛空法界都是一體，有障礙是自己有煩惱。因為煩惱，你就設立了障礙。煩惱我們知道，都是可以通過佛號來化解掉。

九十二：我們所見到的一切人、我們所遇到的一切事、我們所看見到的一切物，都是法。法就是境界。一切法從心想生，所以法在內，不在外。你明白這個道理之後，心裡就會豁然開朗。我在這一天，我見到了什麼，這個境界就是我的心變現出來的法。所以人在真正證悟了以後，沒有一法不是佛法。

九十三：煩惱和智慧，就是我們常說的「菩提」，就像手的手背和手心，這個念頭你要把它這麼一轉過來，考卷就沒了。因爲你覺得是這麼回事，「他是來成就我的」，你這一個念頭是智慧的念頭，不是煩惱的念頭。你要是想境界再提升，那還有比這個更難一級的考卷，再繼續出來，你就在這裡頭練習，一次次地這麼轉。轉到最後，就能夠的的確確像師父說的，順境沒有一絲一毫的貪戀。順境是什麼？就是我們平時所說的，見到的人都是你喜歡的人，身邊的話都是你愛聽的話，吃喝不愁。你沒有貪戀，這也是考驗。逆境是什麼？不是什麼大災大難，就是平時小來小去的這些家長裡短的事。你看什麼事都挺順眼的，念頭轉了，境界就會變。

九十四：當任何讓自己生煩惱的境界一現前，馬上要覺悟。要導歸到這句佛號上，用十聲、百聲、千聲、萬聲，乃至十萬聲佛號，幫助自己轉煩惱爲菩提，這是第一念。第二念要知道凡所有相都是虛妄，這個世界是假的，不是真的。第三個我們要提起來、要知道，我們所有的極樂世界的蓮花，是在哪裡成就呢？就是在眾生當中成就的。蓮花它從來不是在清水裡長出來的，我們知道蓮花出淤泥而不染，濯清漣而不妖。在眾生當中去成就自己的菩提心，在眾生當中去化解自己的煩惱、去增長自己的慈悲，慢慢地你就變成菩薩了。

第六篇／修學叮嚀

九十五：世出世間法都要把「信心」放到第一位，我們要不斷地通過聽經聞法，通過學習經教，樹立正確的信心。不能夠太自負，也不能夠太自卑，因爲兩種都是傲慢。太自負是一種增上慢，太自卑是一種卑下慢。兩種傲慢也都會影響我們正確的信心的建立。

九十六：無論是世間法還是出世間法，只要信心不堅定的，就很容易出現知見的混淆、知見的破壞，最後自己的成就就無從談起。任何事情，世出世間法，都要把「信心」放到第一位。要不斷地通過聽經聞法、通過學習經教，樹立正確的信心。

九十七：學佛的信心，是建立在對佛法的深入了解和自己的實修上。聽經很重要。聽明白了，能確實把佛的教誨落實在生活當中，很重要。要扎三個根，能真正落實做到「孝養父母」、「慈心不殺」、「深信因果」，就會有福報，有福報就會生信心。

九十八：我們對於善知識沒有決定的信心，沒有這種很正的誠心正念的話，我們是感召不到真正的善知識的。而在我們修行路上，善知識對於我們，是絕對重要絕對重要的。遇到真正的善知識要視若珍寶，要用真誠恭敬心去對待，才能有這種感應道交，「一分誠敬得一分利益，十分誠敬得十分利益」。

九十九：一切的道法都不在外面，都在自己的心裡。你心愈虔誠愈恭敬，愈容易感召到善知識。要讓真正的善知識，帶著我們這一生成就。我們要求佛力加持，要用真誠心求，就會有非常殊勝的感應。

一〇〇：對事做到八個字，「專注認真，從一而終」。「專注」很重要，做一件事情如果不專注，就沒辦法得到殊勝的利益。我們修行人也是如此，任何小的環節都不可以疏忽，用專注認真來對待。什麼叫「從一而終」？就像《弟子規》裡講的「居有常，業無變」，不要換來換去。第一，首先確認不換法門，選擇一個，一直到底。譬如選擇修密宗，這一生好好修。修禪也好好修禪，修淨好好修淨。可著一門，可著一個師父來，可著一個道場來，一直跟下去都能成就。就怕的是我們跑來跑去、換來換去，因爲我們的時間和精力是很有限的。

一〇一：要培養興趣，激發自己的毅力。修行的興趣，不是世間的興趣。修行的興趣是什麼？換一種心態看自己，換一種心態看我們現在的生活。

一〇二：爲什麼像師父、像僧團的比丘大德們，在這裡能夠其樂無窮，能夠感覺到很開心？我們怎麼覺得那麼苦、那麼枯燥無味？因爲心態不一樣。

一〇三：如果我們能把放射出去的這個心收回來，把心放到修行上、放到深入經典上，真正地三皈依於三寶。我們「皈依佛，體解大道」，每天晚上大家都念。佛的大道是什麼？願一切眾生都成佛。我們也是這樣想。「皈依法，深入經藏」。「皈依僧」，我們這裡事相上有僧團，皈依自性的僧寶就是清淨。讓心能夠真正地淨下來，你就會發現自己的心慢慢地就不一樣，很法喜。

一〇四：什麼叫不聽話？就是總有自己的意見。師長的開示是聽聞了，放在一邊，自己又單獨立一套。然後師父說東我就向西，師父說北我就向南，口是心非。這種人就是典型的不聽話。不聽話是源於心不老實。心裡打了那麼多妄念，有了那麼多意見，肯定是不會聽話的。所以大家想學習，要學會沒有意見。什麼意見都沒有，專注地聽師長講話。

一〇五：我們跟著師長受教要有一個受教的心，受教的心就是恭敬心、就是信心。信心，不僅信師長，也信自己，信自己跟師長有這個緣分，生生世世都是如此。還有一個謙卑的心，它自然而然就有感應。可能我們很多世都在一起學，沒有學到極樂世界去，這一世是無論如何咱都得把這件事情弄明白，不能再在這裡待著。

一〇六：以發菩提心爲誠，以持戒念佛爲敬。發菩提心就是體，持戒念佛就是用。入手處是怎麼樣？深入大乘經典，開啓自己的誠敬心，這是師父上人開示的。

一〇七：學佛最忌諱的，是做形式上的東西。我們做就實實在在地做，不要走形式。走形式浪費時間，最對不起的是自己。你浪費的不是別人的時間，是自己生命裡的時間。

一〇八：「一切法從真實心中求」，學佛千萬別自己把自己騙了。「真」乃不虛不僞，「誠」乃不自欺亦不欺人。真以待己，誠以待人。一生恆以「真誠」二字做為學習佛法的警訓，決定得真實利益。

一〇九：靜瑜學佛十幾年，最怕自己學得愈來愈不真實，連自己都不認識自己了。遠離喧鬧的人群，避開一切名利，只希望給自己留些安靜的時間，讓心停下來，讓自己好好看看心安住在哪裡了。

一一〇：有一句話叫「一切歸零」。從現在開始到未來每一天，都要爭取去過菩薩應該過的日子。佛菩薩怎麼想，我們就怎麼想；佛菩薩怎麼去生活，我們就怎麼生活，這是我們在生活中必須能做到的。

一一一：我們若是真正在學佛，一定是愈來愈單純；愈是學佛，一定是愈來愈謙卑；愈是學佛，一定是愈來愈慚愧。單純到了最後，生活中只是一句阿彌陀佛聖號充盈其中；謙卑到了最後，見一切人都是菩薩，唯我一人實是凡夫；慚愧到了最後，好事完全向別人，過錯總是向自己。有這種心量的人，就能夠在學佛道上真正成就。

一一二：深入大乘經典，開啓自己的誠敬心。因爲我們對大乘經典認識得太少，對佛菩薩的恭敬心生不起來。大乘經典念久了，你就曉得佛菩薩有多偉大，有多慈悲。他有無量的智慧、無比的神通。真正的是熱愛一切眾生，全心全力地幫助一切眾生、成就一切眾生、代一切眾生苦，在這個娑婆世界裡，度化苦難眾生。所以對佛菩薩要發起無上的至誠恭敬心。

一一三：真正的善知識在哪裡？在經典裡。人要真正靜下心來，你讀讀《論語》，讀讀《朱子治家格言》，讀讀我們所有的以前的家訓，你都能得到很多的啓迪。你真正「依法不依人」的時候，你的人生就不會迷失。因爲現在，我覺得最可憐的，就是我們無論是學佛不學佛的，他不讀經典，他沒有坐下來好好學習的這個時間。這個時代就是信息量大爆炸：打開手機一堆微信，然後上網一堆信息，然後很多人跟你講，大家就是人云亦云，就隨著飄了。你飄來飄去，你自己就真的找不著方向。所以一定一定每天都有讀書的時間。就是我聽經是一方面，但是我自己要求一定是讀原文的經典。譬如說佛法裡，我一定讀原文的，譬如大乘佛法《大智度論》，我整整讀了一年。我一定讀《靈峰宗論》，蕅益大師的，一定是讀那個原文。譬如說《法苑珠林》，讀原文。所以你古文這方面就得通，你古文不通你讀不下去。你培養出對中國古文字的這種愛好和熱情，你就能夠直接跟古人對話。你跟古人對上話之後，你站的那個高度就不一樣。

一一四：不可以邊讀經邊琢磨念佛，邊讀經邊打妄想，你就沒有辦法體會經文的義理。所有的學習都要由信爲入，沒有信心就不能夠耐心地學下去，學著學著就會放棄了。我們無論是對《弟子規》也好，對《無量壽經》也好，都是用信為先導的。你相信《弟子規》很重要，是成就我們成佛的大根大本，你就會認真對待它；你相信《無量壽經》是我們這一生去極樂世界的指南，這就是一個導引書，就像我們要開車去北京得有路線圖一樣，你就要照著這個來做，你就會有信心，就會起作用。

一一五：以有來有去之事，相執人間倫常之禮；以無來無去之心，安住本然寂靜心地。此乃真實智慧、真實修行也。

一一六：佛地人多心甚閑，日看飛禽自往還；有求莫如無求好，進步哪有退步高。

一一七：貪利遂名滿世間，不如破衲道人閒。籠雞有食湯鍋近，野鶴無糧天地寬。富貴百年難保守，輪迴六道易循環。勸君早辦修行路，一失人身萬劫難。

一一八：一生造的善業、惡業，一樣都不落，跟著你。造善業給你送到三善道；造惡業給你送到三惡道；唯有能夠造淨業，一句佛號清淨心念到極樂世界，才能出離六道輪迴。所以我們修善不著修善的相，不求來生再到三善道中去投胎。斷惡決定要徹底，跟三惡道那是決定要斷得乾乾淨淨的。所以你明白這些道理，自己特別容易放得下，沒有那麼難，也不用別人勸，你會心開意解。

一一九：我們對道理了解不夠深、不夠透，知得不徹底，所以就障礙我們行的因緣。在緣上，障礙「行」的緣，內緣有自己的貪瞋癡，外緣有五欲六塵的誘惑。

一二〇：認識的人愈多，不是什麼好事。自己沒有那種定力，也沒有那種智慧，絕對就給你轉迷糊了。轉兩圈，你都不知道東西南北了，你就跟著跑了，等你跑到十萬八千里，你想回頭的時候，回不來了，很可惜。要有那種智慧去判斷眼前的這些境界，修行就得力。一切生活都安詳從容，可以很淡定很優雅。很從容過完這一生，然後就很瀟灑地走。

一二一：做人要有方圓，做事要有尺度。「方」，對自己，心中有數，要有原則；「圓」，對外，言要愛語，行要圓融。要學會說「不」。可以很委婉地拒絕外緣干擾，才能掌握住自己人生的方向，否則你的方向盤是放在別人的手裡，別人給你拐到哪個道上，你就很容易會跟著跑了。

一二二：善惡的道路是至爲危險的，其中最難操持把守的就是我們這個心，因爲它一接觸外面的境緣，它就動了。我們講我們的心，通過我們的六根，眼耳鼻舌身意，接觸外面的色身香味觸法，所謂六塵。你一碰到它，你就容易動，你看你聽法師講經，和看網絡色情圖片，這是兩個不同的圖像，你就會讓你的心產生兩種不同的動態。我們向著正的，它就朝正的；向著善，就朝善的；向惡，不由自主地就被惡境所牽引。

一二三：對於我們初學，初學不是說我們學了一年、兩年是初學，有的時候學了十年、八年的也是初學。只要戒定慧功夫不夠，貪瞋癡慢的煩惱還很熾盛，都是初學。初學必須要強調自己一切的染緣盡量地遠離。所謂儒家講：「非禮勿視，非禮勿聽，非禮勿言，非禮勿動。」

一二四：我們學佛的弟子就要懂得「善友爲依」，在一個相對好的這樣的一個環境當中去提升。我們不能學大乘菩薩，每天在夜總會裡頭念佛提升，每天在麻將館裡打麻將去念佛提升，你做不到的。所以我們就得效法古人，孟母還有三遷，帶著孟子三次遠離不好的環境。我們今天更是如此，自己要護持好自己的心。

一二五：很多時候就是感覺那種自身的業力，加上社會的這種共業，身不由己，所以人在江湖身不由己。那麼我們就要認真懇切地去求佛力加持，要真相信阿彌陀佛的慈悲是不可思議的，觀世音菩薩的慈悲是不可思議的。我們自己只要有這個心，肯和阿彌陀佛、和觀世音菩薩去感應，都會有不可思議的效果。

一二六：什麼是「狐疑」？就是感覺沒有信心了。像狐狸那樣懷疑自己，也懷疑對方。「中悔」就是做著做著，做到一半中間就後悔了，不想再做下去了。

這兩者是最敗壞我們的善根的。你這一世這樣造作了中悔和狐疑，在你下一世的時候，這在阿賴耶識裡起現行，還會來障礙你，所以你生生世世都會被它困擾。那我們這一世勇往直前地、很專心、很恆心地去做完一件事情的話，沒有任何的疑悔，這個好的阿賴耶識的種子會影響到你下一世。你即便是乘願再來，它也會有這個因果，所以大家要明白。

一二七：我們現在所處的社會環境也好，大的教育背景也好，它已經讓我們太習慣於思惟我們自己是獨特的，是非常鼓勵去發展自我。而且這種環境特別助長我們每個人內心的傲慢，自己完全不覺得。所以，你要想把這個幾十年，已經薰修得根深蒂固的這種自我的情緒，給它拔出來，這是學佛的第一大功課。你要放下對我的能力的執著，對我的學佛時間長短的執著，對我一天念多少部經的執著，對我的福報的執著，所有的這些一定要放下。不放下，它馬上就會成爲你傲慢的一個依靠。這個靠山是很強的，你是不知不覺地就會往這方面想，它會成爲我們滋長慢心的一個溫床。

一二八：黃念老：我給一位朋友臨別贈言，我說如果你把你自己的思想作了核心，你老去看經，哪怕閱了全部大藏，你選擇一些有益的話來，加在你這個核心之上，來裝飾它、美化它，你以爲這是用功，是提高自己，其實你不知道你這個核心就是癌細胞。四無量心，「慈悲喜捨」。「捨」就是除掉自心所有的差別見。但「捨」字很不易，所以說「捨身容易，捨見難」。

一二九：我們的心念要正，學佛之後要隨佛學，普賢十願的「常隨佛學」。隨佛學，我們就跟著佛的佛知佛見，讓佛知佛見在我們的心意識裡扎根，把自己的邪知邪見、我知我見全放下。

一三〇：印光大師說：「凡修淨業者，第一必須嚴持淨戒，第二必須發菩提心，第三必須具真信願。戒爲諸法之基址，菩提心爲修道之主帥，信願爲往生之前導。」印光大師開示得這麼好，我們聽著也很歡喜。怎麼樣落實到我們的生活當中？不用那麼複雜，就拿定課來檢驗。定課就是我的戒，定課就是我對阿彌陀佛承諾的信和願，沒有定課無從談起。

一三一：定課不用忽高忽低，你說我一千聲我都念不到，我頂多五百聲，你五百聲堅持十年也行。一天都不斷，工作忙不能斷，生病不能斷，生煩惱亦不能斷，任何情況下都不間斷，不間斷這就是成功。定課可以從少至多，從簡至繁。

一三二：你說我生病了，生病了一樣堅持聽課、堅持念佛、堅持讀經。你說我最近事多，事多還是要寧可不吃不睡不喝，還是要把這個事情做圓滿。如果人沒有這種毅力的話，那他就很難成功。毅力就是堅持不懈；毅力就是勇敢面對；毅力就是專注在一件事情上；毅力就是自己有堅強的自信和自制能力；毅力就是能夠忍受一切的挫折和失敗，面對一切的痛苦和艱難，都能夠決定地往前走。

一三三：什麼叫信心和願心？什麼叫菩提心？我覺得最簡單，大家通俗易懂的，就是毅力。毅力也叫意志力，就是爲了我們達到預定的目標，能夠克服所有的困難，努力實現的一種堅強的品質，叫心理的忍耐力。

一三四：一個人要成就，真的就是靠這兩種緣分：一個順增上緣，一個逆增上緣。兩個境緣下，兩種菩薩示現，讓你從迷惑顛倒中覺悟過來，成就今生的菩提路。除了感恩，我們還能說什麼？從「敬順」之中一路走過來，敬順之心幫助我們放下我執我見，然後突然發現，對經教有了更深的契入。感恩祖宗德蔭庇佑，感恩三寶佛力加持，感恩護法善神，及一切有緣眾生！

一三五：分享師父上人開示：世間事沒有絕對的善惡，要以平等心看。一切眾生本來是佛。輕視別人、批評別人都是錯的。即使是來侮辱、誹謗、陷害的人，也看作老師，這是考我們的老師，不生一絲怨恨。讚歎自己，決定不敢當、生慚愧心。每天從早到晚，一切人事物都在考試。有雜念，念佛功夫不行。

一三六：我們看任何一個事情，不能看一時。把眼光放長遠，看一世，你就能跳開目前的境界，就會能看得很遠。就像我們很多人造作了罪業，大家心情就很沉重，覺得自己業障深重，好像被束住了手腳，提不起這種精進的念頭。聽經昏沉，自己業障重；工作沒動力，業障重……其實你轉一個念頭，就是因爲自己有這麼多業障，所以我才要更加勇猛精進。那麼這個業障就障礙不住你，成爲你前進的一種動力。所以大家有的時候就是要化悲憤爲力量，不能被它束縛住。

一三七：精進要有度，精是純而不雜，進是專而不退。譬如彈琴，太猛則弦易斷，太鬆則不發音，要適度才能彈出美妙的音聲。每個人的修學時間不同，身體狀況不同，修學程度也不同，不需要跟別人比。關注自己是不是今年比去年有進步，這個月比上個月有進步，就是精進。有時太過勇猛，導致身體受損，反而退轉了。真正大勇猛需在清淨菩提大願的引領下，才能突破身體障礙，成就無上聖果。但凡夫很難爲之，需循序漸進，所謂「欲速則不達」，就是這個道理。希望大家能逐漸提升，身心安穩，法喜充滿！

一三八：我們唯一祈願的就是我們這種願心不退，我們要求佛力加持、護念我們，不離開我們的善知識，不離開我們的善友。大家要在這種五濁惡世裡，像蓮花一樣著污泥而不染，能夠真正地去成就，決定是可以的！我們只要自己在這裡，依照印光大師的開示，二十幾個人，每個月都拿出一天乃至於每週拿出一天，大家依據共修的流程，認認真真地把握好這一天，「慈心精進」，決定這都是我們將來往生的最上緣，阿賴耶識裡這是最清淨的種，所以大家要珍惜。發了願之後，都會有這些緣分聚到一起。

一三九：聽課的功德也是不可思議。我聽完這個課，就願一切眾生都能夠戒行圓滿，都能夠讓自己的身心清淨，求生西方極樂的信願更加堅定。那我們女眾聽到這個《善女人傳》的課，更要把這個聽課的功德，迴向一切曾經墮胎的嬰靈；迴向累世自己所傷害的眾生；也迴向一切眾生都成佛。我們這樣的修持善法，就是在菩提心的攝持下去修，就有這種觀照力了。

一四〇：無論念佛、無論聽經、無論是做晚課、無論是做一切的雜務，這些善行功德都是不可思議的。猶如一滴水匯入了大海，我們雖然只是小小的，掃了一個小時的地、做了兩個小時的飯，但是這一滴水，我們匯入到跟佛一樣的廣大的這種菩提願海當中，成就的功德就無量無邊。

一四一：我們在受戒的時候，真正發出廣大虛空一樣的心量，容納一切的善法。發出廣大的這種菩提心，在今後的修行中，用這個戒體，達到任運防非止惡的功效。我們真正得到戒體的時候，在作惡的時候，自然就有保護作用，就像電腦裡的防火墻一樣。

一四二：關於受持八關齋戒，溫馨提示供養同學們，祝願同學們都能持戒圓滿：

1、查好日中時間，提前協調時間以保證在日中前用午餐。參考查詢網站：http://3g.suyuan.org/calendar.html

2、午餐後要刷牙，清潔牙齒的食物餘渣，過午後除紅糖水等非時漿外，不可再食用任何東西。如在外用午餐，要準備旅行牙具。

3、盡量用素皂（可上網購買），不用帶香味的洗衣液、柔順劑、洗髮水、沐浴露等生活用品。

4、盡量不用帶花的物品。尤其女眾，盡量不用帶花的包、被套床單，不穿帶花的衣服等。從一切細微處著手，清淨莊嚴身心。

第七篇／持名念佛

一四三：最了義的，最究竟了義的，最圓滿了義的，就是這句阿彌陀佛的佛號，超過一切。所以我們這句佛號是最真實的，的確是不可思議，這句佛號對我們就很重要。我們要能夠守住我們的初發心，守住我們的師道傳承，守住我們淨宗這一句佛號到底往生淨土的這種信念。任何外面的干擾，我們都要給它擋住，絕對不能夠讓外面的干擾，輕易就侵犯到我們內心的這塊淨土。

一四四：「念念阿彌陀即制行」行時正好念彌陀，一步還隨一佛過。足下時時遊淨土，心頭念念絕娑婆。傍華隨柳須回顧，臨山登水莫放他。等得阿儂生極樂，十方來去任如何。

一四五：我們念佛這個因是最根本的成佛的因，是我們這一生最重要的、最需要馬上天天時時分分秒秒都要種的因。別的因我們都忽略不計，能做就做，不能做，我們也隨喜。隨一切跟我們有緣眾生的緣，永遠不變的是這個念佛求生極樂的心，這個就是「隨緣不變」。

一四六：念佛成佛是大事，其他啥都是假的。「只要功夫深，鐵杵磨成針」。念佛要有耐心、要有恆心，持之以恆，必定會感受到不可思議的效果。此時如人飲水，冷暖自知。那時真的是蓮花國裡人，歡喜唯自知。

一四七：人生百分之九十的時間，不是妄想未來，就是追憶過去，全都沒有用。我們學佛人要明白一切的境界，我們的依報、我們所面對的境界，都是隨著我們的正報轉。把時間節省出來，多憶佛念佛。古人講得好，「黑髮不知勤學早，白髮方悔讀書遲」，所以要珍惜當下。

一四八：要相信佛號功德不可思議。世間一切真的是假的，別放到心裡，一心念佛想佛，這一生決定去極樂世界作佛去。逆境、惡緣歡歡喜喜接受，業障盡消，福慧全現，好事！共勉！

一四九：沒有善緣惡緣，只有念阿彌陀佛一個緣。也沒有順境逆境，只有念阿彌陀佛一個境。業障消了，分別執著也漸漸淡了。心要善要真要誠，口要善要真要誠，每日提醒自己，別忘了念佛，念念不離佛，心裡總是惦記著想著佛，真的清涼無煩惱，真的恆順隨喜，一切都是阿彌陀佛的安排，安排讓我們回極樂老家的！

一五〇：當種種境界出現的時候，決定不能忘記這句佛號。尤其逆境現前之際，尤當克制種種煩惱習氣，堅定提起這一句阿彌陀佛聖號。念頭太多、太雜、太亂，這都是業障，障礙自己心不得清淨、不得平等。不清淨就是執著，不平等就是分別，心被種種境緣就染污了。真正的真信、真願、真念佛人，對任何人都不計較，對任何事都不要計較，唯有老實念佛。直至以一句阿彌陀佛聖號，達到忍無可忍的境界；直至以一句阿彌陀佛聖號，達到極樂世界實報莊嚴土。這個利益多麼大！

一五一：遇到大的逆緣不用找任何人，你就求佛力加持，念佛。你念佛會有善友來開導你，會有明師來勸慰你，都會有的。你不用主動到處打電話，都不要，甚至都不用聽經，你就認真地、一字一句地去念這句佛號，心心念念想著：我就是想見阿彌陀佛，我就是想回到阿彌陀佛的懷抱裡。我的心就在阿彌陀佛的心裡，阿彌陀佛也在我的心裡，這是最親的！

一五二：命裡無時，難道就終須無嗎？命裡沒有，就真的沒有了嗎？我們學了佛的人，他最幸福的一點，就是知道可以改變命運，可以心想事成。怎麼做？就是兩句話，很簡單——念佛可以消宿業，願力可以轉業力。

一五三：人的福報是自己修來的。若修大福，不如專持聖號。專心地念阿彌陀佛聖號，修的福報是無量無邊的，超過你修的世間的大福。所以一心專持名號，這在我們的修行中是很重要的。若修大善，不如發大菩提心。什麼是「大菩提心」？真正地爲一切人著想，善待身邊一切的緣分，感恩之心每時每刻都提在心裡，絕不能讓怨恨惱怒煩進到心裡，這就對了！

一五四：最究竟圓滿的善，就是歡喜念佛，歡喜持戒念佛，這一生決定求往生這個心不變，這就是最圓滿的善，比世間所有的善都殊勝。你世間做得再好，你就是哪怕往生到天道，你再有福報，你總有一天還是墮落，福報總有享完的那一天，享完你怎麼辦？我們咬住這句佛號不放鬆，這一生往生成就了，不再受這六道的報了，等你從極樂世界乘願再來的時候，你是帶著願力，大願的威神鎧甲來，你不受苦的。所以爲什麼那麼強調定課的重要性，要自己剋定功課，始終不移地、堅定信心地去做下去，遇到任何障礙都障不住自己。你就會一點點一點點發現，其實都是挑戰自我的過程，跟別人沒有關係，都是自己對自己的一個個挑戰。一點點地，昏沉也就會愈來愈少，妄想雜念都會減少。

一五五：杯子空了才能倒進水，房子空了才能住進人，心空了才能放進佛號。心怎麼才能空?心要少打妄想，念頭愈少愈好。口要少說話，話愈少愈好。身也盡量安住一處，尤其是初學，一動不如一靜。自己所處的環境，也要清淨莊嚴。家裡尤如道場，雜物愈少愈好。不存雜物，處處乾淨整齊，佛號念得就入心。

一五六：每件事都穩穩當當、有條不紊地完成，在這個過程中，改自己心浮氣躁的習氣。每一件事，無論大事小事，都體現出自己的真誠恭敬心。習以爲常，念佛自然是以一顆真誠恭敬心來念。

一五七：念佛不難，難在持久；持久不難，難在一心；一心不難，難在拔除愛根。愛根是種種牽掛、是喜怒哀怨、是胡思亂想、是一切放不下的人和事。果能一切不管，專心念佛定能往生。

一五八：只有深入經藏，才能遠離邪見。只有發菩提心，才能一向專念。

一五九：因緣所生法，本來即是空。莫被夢裡情，障礙西方路。但存慈母心，天下皆骨肉。宜用憐兒念，憫諸眾生苦。

一六〇：認認真真地把定課落實到每天的修行中，每一天要規定自己至少要念阿彌陀佛三千聲、五千聲、一萬聲、兩萬聲……隨自己的緣分、隨自己的時間來定。一旦定了，一生都不改，一直念下去，念到阿彌陀佛來給你授記，「你這一生可以回家了」，這就是你對佛的真誠恭敬心。

一六一：什麼叫著相？好比說你執著念佛要十萬聲，到底是念佛還是念佛號？念佛是念佛的心，心心念念都想著阿彌陀佛，想著極樂世界的莊嚴，而不是念佛的數字。

一六二：「觀心為要」所謂「觀」，就是常常提起正念，觀一切境界全是夢幻泡影，如經云「觀法如化」，觀是觀慧。念佛要定慧等持，定就是念佛，慧是觀一切法空。所謂「心」，指真心，真心即實相，實相就是般若。一切萬法皆唯心所現。一句佛號就是法身、就是實相，一句佛號念下去就暗合真如實相。一直念下去，念到念佛的念頭都沒了，「無念而念，念而無念」，真如實相就成就了。

一六三：幸得此生遇淨土得明師，決志專念彌陀懺悔業障，專念彌陀弘護正法，專念彌陀迴向眾生，專念彌陀求生淨土。

第八篇／給義工的話

一六四：我們學佛的本來目的就是爲眾生服務，有緣如果不做的話，這個是對不起佛菩薩。我們講「上報四重恩，下濟三途苦」。

一六五：「以護法之菩提心，入十六正士位」謙卑有禮最是賢護，多看少說要善思惟。夢中佛事即觀無住，誠敬聽法入信願慧。

一六六：有一位高僧曾經給我講過一句話，他說：「靜瑜，妳要記住，我就是這樣事奉我的師父的。師父所有的小事，在我這全是大事，是放在第一位，刻不容緩需要辦的。我所有的大事跟師父比全是小事，沒一件大的。」當時他跟我講的時候，我特別震撼。確實是聆聽到這個教誨很受用。也明白爲什麼這位高僧今天有這樣的成就，因爲有尊師的那種真誠心在。

一六七：做一切事情有三部曲，我們講三部曲，在密宗的修行裡它叫加行法，有前行、正行和結行。前行就是說我爲什麼來發心做這個事情，自己要有這個觀照力。譬如說我在法寶組也好、我在行政組也好、我在大寮組工作也好、我在清潔組也好、我在內堂做護持也好，我要爲一切眾生成佛而發這個心，做這個事，決定不是爲了自己。眾生成就我一定成就，因爲自他是不二的，這是大乘佛法菩提心的前提。所謂正行，就是我們在做一切事情的時候，都不去分別它，一切隨緣，讓我做什麼都好，沒有不好，我只是專注在當下，讓自己行持這個善法，利益廣大一切法界眾生。我們在世間法裡叫「這個人能上能下，能屈能伸，能左能右」，這真是大丈夫。不能說我只能上，不能下；我只能是做高端的，不能做低端的。這個就不是大丈夫。大丈夫不分男也不分女，在於我們有沒有大丈夫這個心。所以我們應該抱著這個心：愈讓我做髒的、低微的、別人不願意做的工作，我愈歡喜。你看古來祖師大德都出在大寮裡，譬如說刷廁所、洗馬桶，就在這裡面去成就。不是說一定是在人前很高位上，一切都看緣，看是什麼緣。最後結行，就是我們在每一天，都要爲一切眾生的究竟成佛去做迴向，圓滿自己一天的行持。

一六八：希望我們這個團隊是一個身心都清淨的團隊；是一個真正好樂修行

的團隊；是一個真正和樂相處的團隊；是一個真正每個人都能夠反省自己、寬待他人的團隊。從我自己做起。

一六九：我們在這裡是如來的家業，我們要承傳如來的家道，能夠弘護正法。什麼是夫？弘揚佛法的是夫；什麼是婦？護持正法的就是婦。「二人同心，其利斷金；同心之言，其臭如蘭」，弘護要一體，內外護都要一體。僧俗要和合，大家在一起更要和合。能夠以這種志向，以這種擔當，能夠承傳這種使命，自己這一生就不白過。那麼每一天的日子，都是這一生最光彩的日子，你的生命就不是說白白地流逝。每一分鐘的生命都是爲了弘護正法而活著；都是爲了自己能夠往生成佛而活著；都是爲了能夠度盡天下的眾生而活著；這是很有意義的一件事情。

一七〇：什麼是護持？不想自己的心，念念爲別人想，就是護持。絕對不能想自己。只要有想自己的，你想對了都錯了；你不想自己，想錯了，它都對。用服務大眾的心態，你的心愈做愈踏實，愈做愈歡喜。

一七一：做義工我們發了這個心，認真做！至於做的結果如何，也不用太在意。因爲我們可能經驗和水平的問題，有的時候做得並不是很如人意，都沒有關係的，我們盡了心就好。

一七二：我們在佛菩薩面前發願，發完這個願之後，就把這個願放下，自己該怎麼做，還照平時正常做。該聽經聽經，該念佛念佛，該工作工作。你不用去想，你就發完願之後，讓佛菩薩安排，自己修。緣分真來的時候，你一看確實是能利益眾生的，考慮到自己的情況也可以做，我們就隨緣不變地去做。

一七三：我們講怎麼看自己有沒有信願？你就觀照自己的這個心，在做任何一件事情的時候，你還特別在意它的結果，譬如我們辦這個法會，你特別在意它的結果是否成功，說明你的心跟六道輪迴裡的得失和名是息息相關的，完全沒有極樂世界的信和願。有信願的人是時時回光返照自己的心，至於成敗與否，這是跟眾生的福報、跟我們整個的業力都是相關的。我們要觀照自己的心，看自己是在這裡是怎麼修的，你就不會生煩惱。所以能夠回光返照，不在乎得失成敗，那個信願就有點樣子了。

一七四：古人講，「每臨大事有靜氣」，我們所有的修行都要養這個「靜」。靜既有「安靜」的這個「靜」的意思；也有「清淨」的這個「淨」的意思。養心先要從養靜開始。我們的心因爲比較妄動，所以盡可能地讓它能夠安靜下來。遇到大事，愈大的事愈不要慌。

一七五：事急則緩，事多勿亂。有章可循，有法可依。粗中有細，不失觀照。循序漸進，漸成大業。

一七六：做任何事情都要緩緩的，不能急躁。一定要按部就班的，心要定，人講「事緩則圓」。你事情需要緩緩地做，這個緩不是說慢吞吞地在那磨蹭，不是的，是指心很定。這樣做出來就比較容易圓滿。任何事情三思而後行，我們講「凡事預則立，不預則廢」。

一七七：要養靜氣。做事不要急不要躁，要穩穩當當的。我們講「事急則緩」，一點點來。所有的錯誤，都是我們太急躁造成的。《中庸》當中也說：「至誠之道，可以前知。國家將興，必有禎祥；國家將亡，必有妖孽。見乎蓍龜，動乎四體。禍福將至，善必先知之，不善必先知之，故至誠如神。」「至誠如神」就是說，他能像神靈一樣，洞察所有的事物，觀察問題很敏銳。

一七八：我們現在發心做義工，扎根教育就極爲重要，因果教育就極爲重要。做義工要有做義工的規矩，最基本的一個規矩，你自己要把你的自利利他的工作要圓滿。

一七九：生活中的細節在《弟子規》中列舉得非常多，我們都要逐一去依教奉行，要落實！在《養正遺規》裡有這樣一段話，「《易》曰：『蒙以養正，聖功也。』而養正莫先於禮。蓋人之自失其正，以自外於聖人之途者」，這段話什麼意思？是說我們啓蒙教育，就是要培養人的正知正念，培養人的一身正氣、正能量。我們義工如何落實《弟子規》？重點就是在我們義工身上有哪些做得不足的，我們把這些補習上。

一八〇：所謂「爲人謀而不忠乎」，我們在一個團隊，就守一個團隊的規矩。在臣位，守好臣位的本分；在君位，守好君位的本分。君仁則臣忠。當領導的只問自己有沒有一顆仁慈寬厚的心，有沒有去分別計較組員哪個好、哪個不好、哪個順我的心、哪個不順我的心，不去分別計較，都是平等對待，都是平等關愛，只問問自己有沒有行到君位的職責。那在臣位的呢？我也是不管這個領導者好不好、他有沒有智慧，決定不抱一個輕慢心，守好自己臣位的本分。所以你在哪個位置，就做好哪個位置的本分，自己要認清。

一八一：做義工也要一門深入，不能夠雜、不能亂。選擇做一樣，就好好把這一樣工作做好、做圓滿，就很好了。修行是我們做義工的基礎，做義工也是我們修行生活一個增上緣，兩者是相輔相成的。

一八二：道場護持必須「嚴防口過、謹言慎行」，一舉一動當顧及當下、慮及長遠。以下幾點供養大眾，期以大願心，發菩提心，各自安住，端身正念，專心修行：

1、只看別人優點，不看別人缺點。切忌同學中說人我是非，杜絕一切不利和合之言語。

2、不得以任何是非之語、是非之事打擾法師或僧團清修。

3、不得攪擾僧團或僧俗和合，請勿隨意向僧團或法師抱怨、投訴。

4、慎防不實之語。離開道場後，不得隨一已之見，隨意談論道場、義工、僧團及法師是非。

一八三：大家有這個緣分做義工，特別不容易。佛法講的是因緣，所以大家要珍惜好現前的一念緣，決定不去搬弄是非、說人長短、嫉妒破壞，好好地護持好自己的口德。要保持住清淨心，保持住清淨的口德，要口出蓮花之香，口中常念彌陀聖號，決定不去講是是非非。

一八四：對於我們義工同修來講，我們要在生活中落實普賢行，把我們聽到的經教，能夠在我們身、口、意中得到受用。尤其是管住這張嘴，管住心裡的起心動念。對經教要有反覆地薰修，要懂得在每一天中去修積自己的資糧。

一八五：千萬記住：自己是業重繫縛的生死凡夫，不是老師，更非什麼大德。把自己心放低放平。決定老實念佛。不見世間過，見如不見，唯一句佛號常提心間。常常提醒自己，身邊的同學個個是受了菩薩大戒的發心菩薩，不可說不可說。豈不知個個的示現都是來表演給自己看的，決定不批評、不指責、不埋怨。多念一句佛，少說一句話。

一八六：把自己放到最卑下的位置，自己毫無功勞、毫無功德，身邊所有人都是來成就你的，你自己什麼都沒有，恭敬心就是從謙卑心裡來的。凡是能看到別人的現象的，一定是你有，你還得勞煩老師到你跟前來提醒你。你能看到的是你感召的，你怎麼能不看見別人身上好的地方？你就轉一下念頭，不看他不好的地方，只看他好的地方。

一八七：誠信，首先從自己做起。從自己做起最重要的一點，就是千萬不能要求別人，做一切事情都只要求自己就很好，一切都要「反求諸己」。我們的所有的行爲、所有的言語、所有的心念，給它守在善上，存住自己的一念誠心。要心存高遠，讓自己真正地在德行教育中持之以恆、堅持不懈，要有堅定的毅力和志向。

一八八：大家要給自己定一個學習計劃、定一個修行計劃，可以從一個月開始、然後三個月、半年、一年。讓自己由易入難，增強自己的信心，也能鍛鍊自己的意志。不要一上來定的功課很高，我今天念一萬聲佛號、讀三部經、拜五部懺，最後都做不到。根據自己的實際情況，定下來一個長期都能做到的，堅持下去，就有信心了。所以不管事情多麼微小，只要能堅持，我們就有成功的信心。

養成凡事都有明確的計劃，不要稀裡糊塗地過日子。

一八九：培養意志力，要鍛鍊自己從小事做起，不要攀緣做大事。小的事情都做不好，怎麼可能做大事？古人都有講，「一室不掃，何以掃天下」，一個屋子都掃不乾淨，你說你能幹成佛度眾生的大事，這是空話。

一九〇：做事不拖延，拖延成習是親手培植妄想，並讓自己一事無成。

一九一：今天事今天畢，不拖到明天。自己在本子上寫下來，我就對我的生活當中的一二三四五，五件小事，我認真改起。譬如說我決定不多說話；我決定不好管閒事；我決定要每天準時四點鐘起床；我決定不愛佔小便宜；那個菜是很好吃，以後我就對治自己貪吃的毛病，我想吃我也不打它，也不多打一份。這都是小事，但是這些事情都跟人的惰性、跟人的惡習相關聯，它都障礙我們做事的這種毅力。

一九二：從點點滴滴的小事，培養我們將來成佛的大事，它是相輔相成的，此消彼長。你縱容這些小事，那麼我們修行的道心、毅力、修行的果報就都沒有了，所以大家要觀照。

一九三：大家要記住，逆境來的時候要學會給它化為我們前進的一個動力，那就會轉為福報。

一九四：「只問自心，不問他知」，只問自己的心就好了，不用管別人知不知道。也不用去表白自己做得多好，因為還有表白自己做得好的心意，還有想給自己洗點冤，被蒙冤了。這種心態，都是沒有完全地把自己放下。都放下了的話，別人怎麼講都無所謂，他講他的，我做我的，我就歡天喜地地做，有一天會做到自己極樂世界的功德圓滿了，往生的時候就極其殊勝。

一九五：所謂「人在做，天在看」，你做的所有的事情，沒有天地鬼神不知道的，無論是公開還是私下，只論我們這個心是不是純正的。所以大家做事也是，不必說師父、老師都知道，你只要在那裡做，自己自然是有感知的。如果你真的是當面一套、背後一套，你的眼神、你的動作都會有洩露的；你前後都一致的話，一身浩然正氣，我們也是知道的。

一九六：這個境界出現了，又過去了，就像我們作夢一樣。昨天的夢你執著它也沒用，趕緊給它放下就對了。「護持正法爲己任」，「爲」就是做爲，就是把正念、正思惟放到自己的心裡，轉換外面遇到的一切境界，並且時刻提起這個正念。常常保持它，做爲自己的責任，「己」就是自己，「任」是責任、是任務，這是自己的本分事。凡夫轉凡成聖就是一念。

一九七：大家能聚到一起都是多生多劫的緣分，無論是善緣還是惡緣，我們都轉成法緣。自己每一天都想著我天天都是在極樂世界當中，就法喜無比。自己要學會調整自己的心態，用這種積極的、樂觀的、向上的、充滿正能量的心態，去面對身邊的一切，這個就是真正的恭敬。在這個當中，去慢慢地轉變自己身邊的這些境界。

一九八：愈有使命感的，愈有責任感的，愈能擔當的，他心裡裝的人愈多，心裡對別人的愛愈多。對別人的愛，是通過點點滴滴的事情展現出來的，不是嘴上說。

一九九：「人情練達即文章」，事事留心，都可以給我們很多啓示，要有很謹慎的學習態度。學習，是不斷淘汰我們的習氣，而不是增加傲慢與貪著。貴在內化，把學到的經典變成自己的存心，這個才是正確的。

二〇〇：要接納錚錚勸諫，而拒絕阿諛佞言；要崇尚恭謹節儉，而抑制驕狂奢侈；要注意憂患勤勉，而遠離安逸享樂；要提倡公心務實，而壓制私心虛僞。

二〇一：自「二〇一六年持戒念佛同學共修微信群」啓建以來，同學們堅持每日匯報功課，靜瑜無限隨喜讚歎。慚愧靜瑜有幾點修學溫馨的提示，供養同學們：

1、請勿爲做功課而做功課。不忘初心，始終清楚自己入群的初衷是以善友為依，堅定信願，求了脫生死。匯報功課只是一個途徑，督促自己不懈怠，有心得可以分享，有過錯可以懺悔。

2、匯報功課，勿攀比。每個人的善根福德因緣不同，功課的內容自然不可求完全一致。根據自己的時間、精力，制定適合自己的功課即可，自己跟自己比，今天比昨天進步、今年比去年進步，就是提升。

3、功課不要太雜，貴在「專、精」。專是專注，精是精簡。譬如專注持戒念佛或專心誦經。雜則心易散亂，專則心易安定。

4、堅定求生淨土的信願。信，體現在看破。真信決不懷疑，不疑阿彌陀佛，不疑極樂世界。真信之人，必定剋定功課，念佛不懈，盡此一生，決求往生。願，體現在放下。真願，真能放下，對娑婆世界的一切都不罣礙，心心念念極樂淨土。

5、修學菩薩六度，以堅定信願。每天剋定功課，相互策勵，就是布施；始終如一，持戒念佛；生活中遇到任何逆緣，決定忍耐；憶佛念佛，自己的境界一天比一天提升，就是精進；心地愈來愈清淨淡然，就是禪定；用智慧觀照一切境界，成就無上菩提。

二〇二：今生有幸遇佛法，發心利他作菩薩；戒定薰修住正念，耐得寂寞磨習氣；福慧雙修不間斷，弘護正法報四恩；心心念念歸淨土，彌陀終來蓮花接。

幸福人生的美德書
鍾博士講解
弟子規
承擔弘揚中華歷史傳統文化
承襲淵源的儒釋道聖賢之道
教育轉化人心才是善中之善
鍾茂森 博士 著

了凡四訓
明代創世之作
流傳百年至今
袁了凡（明）◆原著
鍾茂森教授◆講述
鍾茂森教授講述
曾國藩、胡適、印光大師、淨空老法師、稻盛和夫等人推崇的人生寶典
種德立命，修身治世的家訓名篇
改造命運，心享事成的勵志寶典
融彙儒釋道三家學問，展現中華傳統智慧
文化學者鐘茂森教授，詳細解讀改造命運
欲改變命運，化凶為吉者，要讀此書。
欲功名富貴，壽命增長者，要讀此書。
欲轉病為健，轉夭為壽，轉窮為達，轉罪為福者要讀此書

母慈子孝
閨閫乃聖賢所出之地
母教為天下太平之源
天下沒不成材的孩子
只有不會教育的母親
彩色圖說版
趙良玉、鍾茂森 著

鍾博士談
中華傳統文化價值觀
鍾茂森博士、趙良玉◆著
優秀需從傳統文化教育起！
二十一世紀的教育新守則，
為人父母必備的學習寶典。
國家將興，必有禎祥；世界和諧，我之責任。值此勝緣，基於一份社會的責任，一位慈母的大愛，趙良玉女士為我們講述中國傳統文化與價值觀的重要性，把鍾茂森博士在傳統文化家庭教育下的成長歷程真誠奉獻給大家。

一位職業女性修學《女誡》的心歷路程
女人的福是修來的
東漢班昭所著《女誡》的現代解讀
陳靜瑜◎口述
陳芙蓉◎編著
回歸女子的性德，激發自身的智慧
做個真正幸福、快樂、聰明的女人
古人云：「閨閫乃聖賢所出之地，母教為天下太平之源。」又云：「治天下，首正人倫；正人倫，首正夫婦；正夫婦，首重女德。」由此可見，一個民族的興衰，一個社會的和諧，女德至關重要。

齊家治國 女德爲要
東漢班昭《女誡》的學習心得
陳靜瑜◎編著、口述
《女誡》、《內訓》、《女論語》、《女範捷錄》史稱女四書，是封建社會四種女子教材，
封建統治者進行女子教育的書，旨在闡述「三從四德」與「賢妻良母」之道。

國家圖書館出版品預行編目資料

靜語心集 / 陳靜瑜作 . -- 初版 .
-- 臺北市 : 華志文化 , 2017.03
面；　公分 . -- (佛學講座 ; 3)
ISBN 978-986-5636-81-4(平裝)
1. 佛教修持
225.87　　106002100

華志文化事業有限公司
系列／佛學講座 G03
書名／靜語心集

編著　陳靜瑜
執行編輯　楊雅婷
美術編輯　簡郁哲
封面設計　王志強
文字校對　陳欣欣
版面執行　張淑貞
總編輯　黃志中
社長　楊凱翔
出版者　華志文化事業有限公司
電子信箱　huachihbook@yahoo.com.tw
地址　116台北市文山區興隆路四段96巷3弄6號4樓
電話　02-22341779
印製排版　辰皓國際出版製作有限公司

總經銷商　旭昇圖書有限公司
地址　235新北市中和區中山路二段三五二號二樓
電話　02-22451480(FAX：02-22451479)
郵政劃撥　戶名：旭昇圖書有限公司（帳號：12935041）

出版日期　西元二〇一七年三月初版第一刷
售價　一六〇元
本書稿酬無償　歡迎公益助印
Printed in Taiwan

華志文化

華志文化